MONCOUSU.

NANTES,
IMPRIMERIE DE CAMILLE MELLINET.

—

1841.

MONCOUSU.

Au nombre des officiers morts au champ d'honneur pendant nos grandes guerres, il en est un que les annales de la ville de Nantes, de la ville qui le comptait au nombre de ses fils, ont à peine cité, et dont elles n'ont redit ni la vie honorable ni la fin glorieuse. Son souvenir n'est inscrit parmi nous que sur la plaque indicative de la rue de Nantes à laquelle on a rendu le nom de Moncousu, injustement effacé.

Dans la tâche que nous nous sommes imposée de rassembler tous les souvenirs que notre cité doit regarder comme un devoir de conserver, nous essaierons aujourd'hui de résumer quelques actes d'une existence qui, si elle se fût conservée, eût élevé le capitaine Moncousu au rang des chefs les plus hauts placés dans l'état-major-général de la marine française.

Les premières années de Pierre-Augustin Moncousu, né le 26 août 1756, dénotèrent une raison précoce, froide, grave, unie à une rare bonté de caractère et à un grand élan d'âme : l'un et l'autre ne l'ont jamais abandonné. A 17 ans, après de solides études et fort de ses connaissances et de son courage, il résolut de ne devoir son avancement qu'à lui-même, Moncousu entra dans la marine comme simple matelot.

1841

Au début de la guerre avec l'Angleterre, en 1776, il était premier pilote à bord du lougre *le Chasseur*, commandé par M. de Rosily, à cette époque lieutenant de vaisseau. Il débuta dans les combats sur mer (il n'avait alors que 20 ans), en montant le premier à l'abordage d'un vaisseau ennemi que *le Chasseur*, malgré son infériorité, n'avait pas hésité à attaquer.

Dans cette sanglante affaire, Moncousu perdit tous ses effets, et la seule récompense qui lui fût accordée consista dans le remboursement de cette perte. Cependant, un cri général éclata, parmi ses frères d'armes, en sa faveur, et bientôt il obtint un avancement, dont nous n'avons pu retrouver la date.

En 1779, il passa sur le cutter de la marine royale *l'Expédition*, commandé par M. de Roquefeuil.

Moncousu devait prendre part aux deux batailles navales les plus mémorables du XVIII.e siècle. Le 4 octobre 1779, dans le célèbre combat de la frégate française *la Surveillante* contre *le Québec*, Moncousu commandait en second le cutter *l'Expédition*, qui attaquait le cutter anglais *le Ramler*, pendant que *la Surveillante* soutenait contre *le Québec*, cette grande lutte qui devait immortaliser le nom de Du Couëdic (1).

Moncousu s'attendait à un avancement ; mais le temps n'était pas encore venu où les grades d'officiers de la marine militaire devaient cesser d'être exclusivement acquis (à de rares exceptions près) aux fils de familles nobles. Moncousu s'offensa de cette préférence : il vit combien il avait peu de chances d'avancement, à moins de ces circonstances extraordinaires que le hasard donne plus souvent que le talent et le courage ; il quitta la marine militaire pour entrer dans la marine marchande, dont il se fit recevoir capitaine le 18 décembre 1781.

Jusqu'en 1793, il ne cessa pas de commander des bâtiments du port de Nantes, et, dans cette position, sa

---

(1) Voir le 5.e volume de *la Commune et la Milice de Nantes*, page 273 et suivantes.

loyauté et son intégrité lui firent contracter des relations intimes avec diverses maisons notables de cette place, notamment avec M. le capitaine Le Ray, auquel l'unit bientôt une étroite affection et dont il épousa la fille.

En 1793, il se trouvait à la Pointe-à-Pitre, lorsque le drapeau tricolore y remplaça le drapeau blanc. Le général Darrot ayant été forcé d'abandonner son commandement, il prit une part fort active et fort éclairée aux mesures convenues, dans cette circonstance difficile, pour le maintien de l'ordre, et s'attira l'estime générale de la colonie.

En apprenant à la Guadeloupe la nouvelle déclaration de guerre de l'Angleterre, Moncousu y reçut un brevet d'enseigne, signé de Monge. Ce ministre, dont le nom était plus célèbre encore dans la science que dans la marine, n'oublia jamais celui qu'il venait ainsi de faire rentrer dans la carrière où il devait trouver une mort prématurée, mais dont la mémoire devait se lier éternellement à l'un de nos plus redoutables combats sur mer.

L'intrépidité et le mérite de Moncousu fixèrent l'attention du nouveau gouvernement : son grade d'enseigne tarda peu à être remplacé par un grade plus élevé. En octobre 1793, il était de retour en France. Le 1.er juillet 1794, il reçut des lettres de nomination provisoire au commandement du vaisseau *le Redoutable*, nomination dans laquelle il fut confirmé le 23 septembre suivant, et immédiatement appelé à faire partie de l'escadre de l'Ouest. Rendu à Brest, il y resta dans une fatale inaction, ainsi que plusieurs autres officiers commandants, par suite du peu d'accord qui régnait entre les dépositaires du pouvoir.

Villaret Joyeuse, nommé amiral de la flotte, sut apprécier Moncousu comme il devait l'être, et ne tarda pas à lui donner de nombreux témoignages d'estime et de sympathie.

Après quelques sorties partielles et insignifiantes, toute l'escadre appareilla dans les derniers jours de 1794. Villaret avait l'ordre de mettre en mer avec toutes les forces dont il pouvait disposer. Un temps peu favorable, et dont il ne fallait pas s'étonner dans le mois de décembre, apporta quelque hésitation de la part de Villaret; mais les représentants du peuple voulaient l'obéissance, même contre la tempête ; il obéit donc, et bientôt un temps affreux causa de graves sinistres dans la flotte. « *Le Redoutable* ne » dut son salut (disent les *Chroniques de la Marine » Française*) qu'au sang-froid et à l'habileté de l'intrépide Moncousu. » Les autres vaisseaux furent moins heureux.

Ces malheurs suspendirent toutes les opérations dans les premiers mois de 1795, et Moncousu écrivait le 14 mai, avec une amertume profonde : « J'ai le cœur déchiré des humiliations que les Anglais peuvent nous faire éprouver dans l'été! »

Il allait prendre le commandement de *l'Eole*, en regrettant de quitter *le Redoutable ;* mais ce vaisseau ayant besoin de fortes réparations, et les capitaines du *Jean-Barth* et du *Marat,* de la même escadre, ayant été destitués, Moncousu demanda à commander le *Jean-Barth,* qui était prêt à mettre sous voile.

Alors, la désorganisation de la marine désespérait les hommes les plus dévoués, et Moncousu exprimait à ce sujet ses inquiétudes à M. Le Ray, son beau-père, dans une lettre où sa franchise ne se révèle pas moins que ses excellentes vues pour réparer tous les malheurs qu'il prévoyait.

« Je n'ai point encore changé de vaisseau, écrivait-il le 19 mai 1795, et, malgré que tout se réunisse pour anéantir l'expédition de l'Inde, les gouvernants ne veulent pas démordre du projet de cette opération. C'est une chose inconcevable! J'eus hier une explication avec le général Villaret, qui a disposé du commandement du *Jean-Barth* en faveur d'un autre. Il me dit qu'il me réservait *le Marat,* qui valait mieux que l'autre : effectivement, car ce n'était que le nom qui m'avait décidé en faveur du premier.

» Quoique le défaut de bâtiments de guerre destitue naturellement tous les officiers attachés à la marine, il est question d'une organisation ; on l'annonce comme devant se faire de cette manière : — Dix vice-amiraux, dont sept seront nommés sur le champ et nommeront les

contre-amiraux ; les autres amiraux nommeront les chefs
de division ; les chefs de division, les capitaines de vaisseau, et ainsi de suite. Tout cela ne vaut rien. La marine
est perdue, non-seulement par la manière dont on pré-
tend l'organiser, mais encore par les pertes qu'elle a
essuyées, et par le dépérissement total de ce qui nous
reste de vaisseaux. Depuis quelque temps, mes réflexions
me pétrifient. J'attends, avec toute la résignation de caractère dont je suis capable, ma ruine totale ; car avant six
mois, il n'y aura peut-être pas un cordonnier dans la
France qui ne jouisse, pour les officiers de la marine militaire, d'un sort digne d'envie. »

Les officiers n'étaient payés qu'en assignats, dont per-
sonne ne voulait. « Si je suis forcé de continuer ce métier, disait Moncousu, la probité me mettra sur la paille
avant que ce soit long-temps. »

Moncousu se distingua d'une manière remarquable au
combat du 5 messidor an 3 (23 juin 1795), combat pour
les détails duquel nous renvoyons aux *Chroniques de la
marine Française*. Par suite des ordres inexécutés de
l'amiral Villaret, qui, s'ils eussent été remplis, devaient rendre la chance favorable à la flotte française, quoiqu'elle
eût à lutter contre des forces supérieures (12 vaisseaux
contre 17), cette flotte fut obligée à la retraite, après un
engagement dans lequel le capitaine Lebesque, un de nos
concitoyens, reçut une blessure grave. Ce capitaine avait
pris part à l'héroïsme du petit nombre d'équipages qui
soutinrent l'honneur du pavillon français, héroïsme qui
fit du *Combat de Groix* un des faits les plus glorieux que
citent nos marins. Si l'amiral Villaret dut faire comparaître
devant un conseil de guerre les officiers qui avaient em-
pêché le succès de cette journée, il n'en reconnut que
mieux les efforts de ceux qoi l'avaient secondé, et particulièrement ceux du capitaine Moncousu, qui, pendant
quelques instants, avait seul résisté à toute la flotte
ennemie. Voici ce que l'amiral Villaret lui écrivit à ce
sujet : « Je suis chargé, par la commission de la marine,
» d'un devoir qu'il m'est bien doux de remplir : j'ai à
» vous féliciter, mon cher Moncousu, de la conduite que
» vous avez tenue dans l'affaire du 5 messidor, ainsi

» que votre équipage. Je serais déjà allé à bord du *Re-*
» *doutable* annoncer la satisfaction du gouvernement,
» sans ma jambe qui me retient (un malheureux abordage
» m'a causé une inflammation à la jambe). Vous jugez
» aisément du plaisir que j'éprouve à rendre justice aux
» braves. Il me serait bien agréable de n'avoir à me
» livrer qu'à ce sentiment ; mais, malheureusement,
» l'armée navale n'est pas toute composée d'hommes
» comme vous. »

A la suite de cette affaire, le bruit courut à Nantes
que le capitaine Moncousu venait d'être nommé contre-
amiral, et chargé du commandement des armes à Lorient.
C'était un témoignage public à l'appui de la récompense
à laquelle ses concitoyens le croyaient désigné, mais qu'il
n'obtint pas. Il resta chef de division.

Une nouvelle expédition se préparait à Brest : elle
se composait d'un vaisseau de ligne et de six frégates,
avec des troupes de débarquement. Le chef de division
Bompart fut choisi par le ministre pour prendre le commandement de cette flotte ; mais, comme cet officier su-
périeur n'arrivait pas, et que le départ ne pouvait souf-
frir de délai, Moncousu fut désigné pour le remplacer.
Il se disposait à obéir lorsque celui-ci arriva enfin.

L'expédition d'Irlande se préparait à petit bruit, et
Moncousu écrivait, à ce sujet, le 21 octobre 1796:
« Plusieurs soldats disaient hier devant moi: on ferait
bien mieux de nous envoyer en Irlande par terre que
par mer... Tout en riant de cette idée, je me suis imaginé
que ces gens étaient initiés dans le secret. On veut nous
faire partir sans matelot, rien qu'avec des soldats. J'ai
répondu au général qui me faisait part de cette disposi-
tion, que, sans matelots, les officiers de marine étaient
inutiles à bord du vaisseau. Le Directoire a refusé la
démission du général Villaret. On l'obligera de s'engouf-
frer, ainsi que nous tous, sous les débris de notre
malheureuse marine, dont le gouvernement travaille l'o-
raison funèbre.

» Voilà donc ce fantôme d'opération auquel je ne con-
çois rien, et qui, dit-on, doit porter le coup le plus ter-
rible à nos ennemis. Et comment veut-on qu'elle ait lieu ?

Nous n'avons ni matelots ni argent. C'est l'agonie de nos dernières ressources. Il faut que cela ait été conçu par des généraux de terre, et que, d'après leurs idées, le gouvernement y ait donné son assentiment et ait vu de la même manière qu'eux, qui disent qu'à bord de chaque vaisseau de ligne il ne faut que seize gabiers pour tous gens de mer, et qu'eux fourniront le reste de l'armement, ayant beaucoup de troupes à rien faire. En effet, cette opération ne peut réellement avoir lieu qu'en armant nos vaisseaux de cette manière: car la plus grande partie n'ont pas de quoi guinder leurs mâts d'hune, quand ils sont calés... Tout cela est un charlatanisme dans lequel je me perds, et une misère à laquelle beaucoup d'honnêtes gens succombent. Si cela ne change pas, mon tour ne sera pas lent à venir. Nous avons dix-sept vaisseaux grayés et quatre dans le port, beaucoup de frégates et de corvettes. Dans tout cela, j'estime qu'il y a en matelots, tant bons que mauvais, de quoi armer quatre vaisseaux... Notre pauvre général Villaret en perd la tête.

» Hoche a tous les pouvoirs. Il dit que nous aurons des soldats, que chaque transport chargé de troupes vaudra un vaisseau de guerre.

» Si tous mes camarades pensaient comme moi, je dirais: on veut perdre le reste des vaisseaux; puisque vous le voulez, il faut bien le vouloir; mais si vous me destinez à un sort aussi cruel que celui de coopérer à une telle perte, je ne veux sortir que lorsque je serai bien armé. Mon vaisseau sera perdu, puisque vous le voulez; mais je ne veux pas que l'honneur se perde avec lui.

» Hoche dit lui-même qu'il sait bien que si l'on tire un coup de canon, tout sera perdu. D'après cela, comment peut-il s'imaginer que les Anglais laissent opérer un débarquement en Irlande sans s'y opposer de toutes leurs forces, qui sont beaucoup plus que suffisantes pour nous anéantir... Mais ces messieurs de terre comptent sur un miracle: ils disent que Saint-Patrice les demande. »

Certes, cette lettre d'un homme d'expérience et de sang froid n'est pas un document à dédaigner dans l'histoire du projet de l'expédition d'Irlande. Moncousu écrivait encore le 5 décembre 1796: « L'armée expéditionnaire est embarquée. Les Anglais sont sous Ouessant, au nombre de quinze vaisseaux. J'ai donc tout lieu de croire que notre sortie ne sera pas longue, mais chaude. Les grands faiseurs ont l'oreille un peu basse ; ils ne jappent plus comme ces jours passés ; mais ils sont allés trop loin pour reculer. Tous les généraux de terre persistent à répéter, après Hoche, que nous sommes assez forts, parce qu'il nous est défendu de nous battre, et que si nous tirions un coup de canon à la mer, l'expédition serait manquée. Ils ont bien raison, car une fois dégréés où irions-nous ? C'est cependant ce qui nous attend... Toutefois, si les vents passent à l'ouest, et qu'ils y restent dix à douze jours, comme nous n'avons de vivres que pour quinze, il faudra compter sur le miracle des cinq pains.

» Au cas d'événement, je vous recommande ma femme et mes enfants ; quant à moi, tout ce que je puis vous promettre, c'est de faire mon possible pour avoir soin de l'honneur. »

Certes, celui qui se préparait à tout, avec ce sang froid, sans aucune illusion, possédait une de ces âmes fermes qui savent braver le danger en face.

On sait que l'escadre, sortie le 16 décembre, fut dispersée par une tempête.

Malgré un temps affreux, Moncousu se rendit dans le fond de la baie de Bantry, et se mit en position d'effectuer son débarquement dès qu'il en recevrait l'ordre ; mais, ne voyant venir aucun autre vaisseau, et se trouvant sans ordre, il rentra à Brest le 5 janvier 1797.

Le lendemain, il écrivait : « Nous allons avoir à débrouiller avec les jurys militaires. Quant à moi, j'ai fait mon devoir : il n'est pas entré un vaisseau à Brest en plus mauvais état que le mien, et je me suis trouvé seul à faire le don Quichotte.

» Tous les projets Irlandais sont à bas. Dieu les bénisse.

» Bruix, notre major général, va à Paris : je ne crois pas qu'il lui reprenne envie, ainsi qu'à Hoche, de faire désormais des châteaux en Irlande. »

Moncousu continua à se distinguer dans le commandement du *Redoutable*, et ne cessa pas d'entretenir des relations de mutuelle confiance avec l'amiral Villaret, jusqu'à la proscription de ce général. Il obtint des témoignages d'estime non moins flatteurs de la part de l'amiral Bruix, lorsque celui-ci fut ministre de la marine.

Nous avons eu en mains une correspondance privée du capitaine Moncousu. La valeur, la modestie et la sensibilité de ce brave marin y sont empreintes à chaque page. On y découvre un caractère distingué, sans la plus légère prétention. Il y fait lui-même son portrait d'une façon fort originale, en écrivant de Brest, où il allait recevoir (1795) son fils, âgé de trois mois : « Si notre petit marmot » a un grand nez un peu rabattu, un grand menton un peu » fourchu, de petits yeux et la bouche creuse, de grandes » oreilles, de petites jambes et de grands pieds, ce sera » une tournure et une figure à la Moncousu. »

Ses lettres, à part quelques accès de gaîté du genre de celui-ci, respirent toutes ces sentiments d'affection de la famille, qui appartiennent aux cœurs nobles et dévoués ; mais ces sentiments ne l'empêchaient pas de se sacrifier pour son pays ; et certes, c'était sans aucun intérêt personnel, si l'on en juge par cet extrait d'une lettre de Brest, du 2 septembre 1795 : « Ceux qui ont de l'argent » ne manquent de rien ; mais ceux qui, comme nous, » n'ont que des assignats, sont bien embarrassés. Nos » appointements de 4,200 livres valent à peu près 72 » livres en argent. Jamais les capitaines de vaisseau » n'ont été à si bon marché. »

Les sentiments patriotiques de Moncousu se manifestaient avec abandon dans cette même correspondance, et il ne jugeait que trop bien la situation, et plus particulièrement celle de son armée.

« Vous vous flattez de trop bonne heure de la paix, écrivait-il le 6 mai 1796: c'est sans-doute le besoin que nous en avons qui vous la fait désirer si ardemment, et vous avez bien raison. Nos affaires de terre vont aussi bien qu'il est possible ; mais, pour la mer, n'en parlons plus : la partie est perdue de ce côté, et il nous faut la paix pour prétendre à la revanche. Vous ne sauriez vous imaginer combien cette réflexion me désole. »

Une expédition se préparait à Brest en 1798 : on y attendait Bonaparte, et Moncousu écrivait : « Si, lorsque Bonaparte sera à Brest, il veut, comme je n'en doute point, examiner et juger froidement le corps de la marine, il ne sera pas long-temps sans être persuadé de son zèle et de l'envie que nous avons tous de reprendre notre revanche. Mais nous ne pouvons rien faire seuls : il nous faut des vaisseaux armés, ou à-peu-près.

» Ah ! mon ami, que le métier que je fais est fatigant... Ce sont toujours les chefs militaires, dont la réputation est livrée au déchirement de l'ignorance et de l'envie, qui ont tort, et jamais les ordres absurdes dont ils sont chargés. »

Moncousu écrivait encore avec une franchise toute naïve : « Je n'ai presque pas un instant. On me met dans toutes les commissions occasionnées par des donneurs de projets de toute espèce qui pleuvent ici et que Paris nous envoie. On a la manie de me considérer comme un homme instruit, et je ne suis véritablement qu'un homme qui fait tout ce qui dépend de lui pour ne pas mériter l'épithète d'ignorant : enfin, c'est le cas de dire que dans le royaume des aveugles, les borgnes sont les rois.»

L'expédition projetée n'eut pas lieu.

Bruix ayant quitté le ministère pour prendre le commandement de l'armée navale à Brest, Moncousu fut appelé par lui à en faire partie, et passa sur le vaisseau *le Républicain*, le 12 mars 1800, avec son grade de chef de division. Il ne prit le commandement du vaisseau à trois ponts *le Républicain* qu'après que l'amiral Bruix lui eût donné sa parole qu'il n'aurait pas de général à son bord ; ce qui lui laissait, en effet, le commandement d'une division. Le 28 octobre de la même année, il fut placé sous les ordres de l'amiral Gantheaume, et monta *l'Indomptable*, vaisseau de 90 canons. Au moment où l'amiral Gantheaume transmit à Moncousu l'avis du départ, sa femme venait de mourir ; il laissait plusieurs enfants sans appui ; mais le devoir était là, il obéit sans réclamer. Lorsque l'amiral apprit ce dévouement, il sollicita spontanément pour un des fils du capitaine l'entrée au Prytanée Militaire, et termina ainsi sa lettre au mi-

nistre : « La Marine sera flattée de cet acte de justice,
» par l'estime et l'amitié que tout le corps porte à ce brave
» commandant. »

A sa sortie de Brest dans la division de l'amiral Gantheaume, les généraux ayant fait des avaries qui ralenti-
rent leur marche, le capitaine Moncousu rallia la division
sous son commandement, et la conduisit au 2.ᵉ point de
ralliement, où il rencontra les deux vaisseaux généraux :
sa conduite, dans cette circonstance, lui mérita les éloges
du premier consul qui, par lettre, lui témoigna sa satisfaction.

Le dévouement de Moncousu, en abandonnant sa
famille, méritait d'autant plus d'éloges que, par un de ces
pressentiments inexplicables, qui ne se réalisent que trop
souvent, il écrivait à son beau-père le 13 mai 1801 :
« Je ne sais où nous allons. On m'a assuré que ce n'était
pas pour l'Égypte. Cependant, je crois que cela finira par
là. Il me manque 250 hommes d'équipage en matelots, et
si la maladie continue ses ravages, avant quinze jours,
nous n'aurons pas de quoi manœuvrer nos vaisseaux. Je
mets dehors avec tous les hauts du vaisseau ouvert, ponts et
œuvres mortes en général ; les coutures sont si mauvaises
qu'elles ne retiennent plus les étoupes ; enfin, mes poudres
ne sont point à l'abri. Ce vaisseau ne marche pas. Cette qua-
lité précieuse est détruite par le mauvais état de sa carcasse..
Il faut donc compter sur un bonheur auquel les circonstances ne nous ont point accoutumés dans la marine. La
partie n'est pas belle, surtout pour moi. Point de marche
et point de moyens de défense ! C'est un jeu trop fort
pour celui qui n'a pas les moyens d'opérer des miracles...
Allons donc !... Mais au cas qu'un événement fâcheux me
privât de l'existence, le citoyen Emeriau, chef militaire
de la marine à Toulon, est chargé de vous en instruire. » —
Moncousu ne se mit donc pas en mer (le 9 juin 1801) sans
la pensée que cette expédition lui serait fatale. Ainsi, il fit
part à ses amis de ses funestes prévisions, et dressa un état
de sa position de fortune. « Cette pièce, écrivit-il, servira
» à instruire ma famille de mes affaires, si quelque évé-
» nement me privait de l'existence. » — L'événement qu'il
prévoyait arriva le 6 juillet 1801, au *Combat d'Algésiras*.

Toutes les annales maritimes ont rendu compte de cette bataille mémorable qui eut lieu, devant Algésiras, entre une division de trois vaisseaux et une frégate, commandés par l'amiral français Linois, et une division anglaise de six vaisseaux, une frégate et un loutre, sous les ordres de l'amiral anglais Jones Saumaretz.

Le capitaine Moncousu, alors âgé de 44 ans, y commandait *l'Indomptable*, vaisseau de 80. Il commença le feu qui engagea aux cris de *vive la république !* et avec un acharnement égal de part et d'autre, ce combat signalé comme l'un des plus terribles engagements sur mer. Il dura sept heures et demie. Chaque vaisseau français eut à lutter contre trois et quatre vaisseaux anglais, par suite des manœuvres de l'ennemi. Le général de brigade qui commandait les troupes de débarquement, écrivit au ministre de la guerre : « Je ne trouve point d'expressions » assez fortes pour vous peindre la valeur avec laquelle » s'est battue notre division. » — Tous les rapports attestent, en effet, que, dans cette action, la marine française fut admirable de courage et d'enthousiasme : elle remporta la victoire ; mais le commandant de *l'Indomptable* paya cette victoire de sa vie.

L'amiral Linois, après un brillant éloge des marins sous ses ordres, écrivit au ministre : « Je vous demande, » citoyen ministre, d'accorder des secours aux familles » de ceux qui ont perdu la vie dans cette action. » Son rapport au premier consul Bonaparte rendit pleine justice *au brave et malheureux capitaine Moncousu, mort glorieusement sur son gaillard,* emporté par un boulet de canon devant Algésiras.

Ainsi est mort le général Damremont devant Constantine ; mais toute la France applaudit à la pension justement accordée à la veuve et aux enfants du général Damremont, tandis que le commandant Moncousu n'a laissé à sa famille que le souvenir de sa mort. Sans doute, ce souvenir est assez beau pour que cette famille soit fière de conserver un aussi noble héritage ; mais le gouvernement de Juillet ne doit-il pas se rappeler qu'il lui reste une dette à payer ?

Sous l'empire, Monge appela les bienfaits de Napoléon

sur les enfants de Moncousu, et ils furent successive-
ment placés dans des colléges, aux frais de l'État. —
L'aîné entra au *Lycée Napoléon*. L'empereur visitait ce
lycée avant son départ pour l'Espagne, lorsqu'en passant
la revue des élèves, il remarqua que l'un des plus jeunes,
avec un sang-froid imperturbable, recommandait à ses
petits camarades de se tenir immobiles et alignés. La
tenue de cet enfant, son air décidé, ce je ne sais
quoi qui révélait un avenir que son dévouement seul
arrêta frappèrent l'empereur. Il s'arrêta devant lui, le
fixa sans lui faire baisser les yeux (c'était chose peu
commune), et demanda son nom. — A ce nom, Napoléon
se découvrit : un simple élève, le plus jeune enfant du
lycée peut-être, reçut le salut impérial au souvenir de
son père, dont la mort lui fut racontée par l'empereur
lui-même, en quelques phrases brèves et concises, mais
dont chacune portait coup au jeune cœur auquel elles
s'adressaient, comme elles impressionnaient tous les autres
élèves qui les recueillaient avidement, et qui se termi-
nèrent par ces mots : *Enfant, n'oubliez jamais le combat
d'Algésiras !* Puis en riant et frappant les joues du jeune
Moncousu, Napoléon ajouta qu'il espérait bien que le
lycéen serait digne un jour du commandant de *l'Indomptable*, et toujours frappé de cette tenue militaire
que l'enfant, malgré son émotion, n'avait pas perdue un
seul instant, il le nomma caporal d'une des compagnies
du lycée.

Ce salut que sollicitaient les plus puissants monarque
de l'Europe, ces paroles de l'homme devant lequel la jeune
génération lycéene s'inclinait alors comme devant un des
demi-dieux de l'antiquité, ce grade que l'empereur lui-
même avait conféré à Moncousu en présence de tous ses
condisciples, tout cela l'émut si vivement, que, de cet
instant, il jura reconnnaissance éternelle et fidélité inal-
térable à l'empereur... Il ne savait pas qu'à peu d'années
de là il remplirait le serment qu'il venait de se faire à
lui-même.

Du *Lycée Napoléon*, il passa à celui de Rennes, et
ensuite, sur la demande de sa famille, au Lycée de Nantes, où souvent il nous racontait sa nomination impériale,

fort enviée de ses jeunes auditeurs. Ce récit n'était jamais fait sans un élan d'enthousiasme, et finissait toujours par ces mots : *Ma vie est à l'Empereur : je veux mourir pour lui, comme mon père est mort à Algésiras.*

Moncousu fut un des élèves distingués du Lycée de Nantes, et il en sortit, en 1811, avec le double galon de sergent-major, pour entrer à l'Ecole de la Marine, qu'il quitta quelques années après, avec un ordre de service objet de son ambition. Il était enseigne, quand en 1815, à la suite de la funeste bataille de Waterloo, l'empereur s'embarqua à Rochefort, sur une frégate anglaise, pour son éternel exil. Moncousu, avec quelques jeunes officiers, dévoués comme lui, résolut de sauver Napoléon, et voici comment il rendit lui-même compte à sa famille de cette périlleuse entreprise :

» Six officiers du 14.ᵉ régiment de marine ont essayé
» de sauver Napoléon et de le conduire aux États-Unis.
» Je me suis trouvé du nombre : la reconnaissence et
» l'honneur me le prescrivaient. Le licenciement de ces
» six officiers, dont fait partie Pelletier (de Nantes),
» est ordonné. »

La royauté qui devait recevoir et avait reçu déjà de nombreuses preuves de fidélité, au lieu d'apprécier le dévouement au malheur, afin que cette générosité fût invoquée un jour par ceux-là mêmes qui se dévouaient pour elle, fit discontinuer tous les bienfaits accordés par Napoléon à la famille Moncousu. De ce jour, la carrière du jeune enseigne fut terminée ; de ce jour, l'avenir qu'il avait rêvé, quand l'empereur lui avait raconté la mort glorieuse de son père qu'il était appelé à remplacer, cet avenir disparut, le désespoir resta seul, et il partit pour la Guadeloupe comme pour un exil, et aussi pour échapper aux mesquines persécutions dont, à Nantes, étaient l'objet tous ceux dont on soupçonnait l'attachement à l'empire. Il mourut dans les colonies.

Le capitaine Moncousu avait, en mourant, laissé une fille qui épousa M. Bardon, de Nantes, et deux autres fils, entrés récemment au Lycée de Nantes et à l'Ecole de Toulon, tous deux avec le désir de devenir marins, comme leur père ; mais, aussitôt après le licenciement de leur frère, et pour la même cause, ils furent renvoyés dans leurs familles. — Celui qui sortit de l'Ecole de Toulon se fit admettre dans la marine marchande, et mourut dans une traversée. — L'autre était trop jeune pour se livrer aux chances de la mer : il continua ses études.

A la révolution de juillet, tout ce que le dernier des fils du *brave et malheureux commandant de l'Indomptable* put obtenir, ce fut la chétive perception d'un bourg de notre département, fonction qu'il remplit avec autant de zèle que d'intégrité. Il occupe encore la même et modeste perception, où il ne se doute pas de l'éclat que nous appelons sur son nom. C'est une raison de plus pour que nous sollicitions, à son égard, non la faveur, mais la justice, car la réparation est aussi une justice, quand de de bons services recommandent déjà celui qui a droit de la reclamer. Et qui donc, si ce n'est la nation, doit adopter les enfants de ceux qui sont morts pour la patrie, en ne leur laissant que leur nom pour héritage ! Il nous est permis d'insister sur le mot *réparation,* en invoquant les promesses, non remplies, du gouvernement.

Voici l'extrait d'une lettre officielle que le ministre de la marine écrivait aux préfets de son département, après le *combat d'Algésiras,* et que nous retrouvons dans *le Moniteur,* à la date du 5 thermidor an 9 (24 juillet 1801) :

« Le gouvernement a manifesté ses intentions bien-
» faisantes en faveur des marins et militaires qui auront
» versé leur sang pour la défense de la patrie. Je ne puis
» mieux seconder cette volonté qu'en prescrivant aux ad-
» ministrateurs de la marine de me mettre en état de
» procurer à ces braves défenseurs de la patrie et à leurs
» familles les récompenses qu'ils auront acquises par leur
» dévouement et par les blessures honorables qu'ils
» auront reçues. Le combat glorieux soutenu devant
» Algésiras m'offre une occasion bien intéressante pour
» vous inviter à m'éclairer sur les mesures à prendre ,
» afin que ces récompenses soient accordées avec autant
» de justice que de promptitude. Je désire donc qu'aus-
» sitôt après une action, on recueille, dans chaque port,
» les renseignements nécessaires pour connaître les

» marins et militaires qui auront été blessés, ainsi que
» les familles de ceux qui auront perdu la vie, avec des
» apostilles désignant les droits de chacun à la récom-
» pense nationale. »

Ajoutons à cette lettre l'arrêté du premier consul, du
29 thermidor, an IX (17 août 1801) :

« Les consuls de la république, ouï le rapport du mi-
» nistre de la marine et des colonies, arrêtent :

» Art. 1.er Il sera payé sur la caisse des invalides de
» la marine, une pension de 200 fr. par an à chacun des
» quatre enfants orphelins du capitaine de vaisseau Mon-
» cousu, tué au combat d'Algésiras, savoir :

» Pierre Augustin Moncousu, né le 19 prairial an 3;
» Claire Julie Moncousu, née le 29 prairial an 5; Urbain
» Marie, né le 10 fructidor an 6; Adolphe Algésiras, né
» le 29 frimaire an 9.

» Art. 2. Lesdites pensions courront à compter du
» 17 messidor dernier, jour auquel le combat d'Algésiras
» a eu lieu.

» Art. 3. Pierre Augustin Moncousu cessera d'être
» payé de sa pension à l'époque où il entrera au prytanée,
» en exécution de l'arrêté du 9 thermidor. Les trois autres
» enfants toucheront la leur jusqu'à l'âge de 14 ans ac-
» complis, conformément aux dispositions de la loi du
» 13 mai 1791, relative aux pensions sur les invalides
» de la marine.

» Art. 4. Le ministre de la marine et des colonies est
» chargé de l'exécution du présent arrêté. »

C'était donc un décret authentique, avec la signature
de Bonaparte. C'était la bien faible récompense d'un sang
noblement versé pour la France, et la France a oublié
sa dette sacrée envers les enfants de Moncousu !

Extrait inédit
DE LA COMMUNE ET LA MILICE DE NANTES
par Camille Mellinet, Imprimeur